# NIÑO DE ESCALERA

## EDDA GUADALUPE

# NIÑO DE ESCALERA

EDDA GUADALUPE

AMAZON KINDLE DIRECT PUBLISHIN

# CONTENIDO

*E*stas letras te llevan a un diálogo interno evaluando nuestros modos de vida. Lo que digo (o lo que quiero decir) lo expreso de un modo sentimental, abrazando la ironía y lo sarcástico. En lo específico se encuentra el dolor entrelazado con la esperanza. Me motivó a escribirlo llevando a juicio a padres que les dan libertinaje a los hijos, por lo cual los resultados en ellos no siempre son adecuados y los lleva a la soledad por no haber sido supervisados.

# DEDICATORIA

A Millie, Peter, Wanda, Carlos, Amarilis, y Rafo, hermanos que crecimos juntos en una misma cobija donde fue dividida la dignidad dándole paso al desabrigo e inequívocamente a mí misma por haberlo vivido. Seguido tomo para mí la fascinación del amor en cada aliado que nos veíamos en el día a día, mis hermanos.

A mi familia representativa esposo e hijos, Dios me dio la oportunidad de tenerla y vivirla. Además, nos hemos amado incondicionalmente en las vías de la vida. David, esposo; e hijos, Luis David, José David e Isaí David.

Los amo.

# PRÓLOGO

*N*iño de Escalera te lleva a rebuscar huellas que están dentro de ti, y a que encuentres la alegría, un júbilo abrazado de consuelo y esparcimiento.

Son escaleras flotantes que te inspiran las letras con sensaciones en el aire, refrescantes.

Son escaleras rectas que ves y describes una verdad.

Son escaleras de dos tramos, te ves tú mismo, te detienes a observar qué te falta recitar.

Sin escaleras curvas porque irradian el lujo, la oportunidad de ver tu belleza.

Son escaleras mixtas porque en cada escalón encuentras sentimientos tuyos y de los no tuyos.

# COMENTARIO

Mi recuerdo se hicieron letras, derrama el amor en versos, algunos líricos y otros libres. Tomé el ánimo de la pasión donde se casan la gratitud con el convencimiento, y la nostalgia con la deidad.

# INTRODUCCIÓN

&ste libro de poemas resume sentimientos que se encuentran en el día a día y en las diferentes etapas de la vida. Vivimos en medio de una humanidad que en muchos momentos nos sentimos como en una esfera, que cuando se explota o se vacía, duele. Entonces estos escritos hay palabras, frases y oraciones que, si las agarras, vas a lograr acogerte y hablarles a muchos que acepten lo que no se puede cambiar. Te lleva a la sabiduría para actuar con cautela en cómo te tratas a ti mismo y cómo tratas a los demás.

# Divinidad

# *Así es*

Así se dice el *Amén*
Amén cuando así es

Verdadero como lo ves… así de bellos es
Viendo el mar como es
Verdadero como lo ves, reluciente como es

Viendo el cielo como es
Dios decimos amén

Cuando vemos que así es
Así es lo natural
Natural como es

En Ti hay potencia como es
Te decimos amén con tu libro en pie

Libro sagrado es… así es
Amén a lo que está escrito
Así es que es.

# Planeta Tierra

A Dios le plació
Así lo hizo… cada planeta


A Dios le plació
Así lo hizo… periodos de tiempo


A Dios le plació
Así lo hizo… Tierra
Tierra uno de los planetas


A Dios le plació
Así lo hizo Paraíso
Paraíso en el planeta Tierra


A Dios le plació
Así lo hizo… Seres Vivientes
Seres Vivientes en el planeta Tierra


Al hombre y a la mujer
Así lo hizo…
Creándolos en el planeta Tierra


¡Veneremos, Veneremos!
A Dios que hizo, que hizo los planetas.

# *Astilla*

Aureola de espinas

Coronación refulgente[1]


Arandela de espinas

Coronación rutilante[2]

Corona de espinas

Coronación deslumbrante


No titubeó… quien lo llevó

No vaciló… quien lo llevó

A lo raquítico[3] lo llevó

Acatando su encomienda

Diadema de espinas

---

[1] Refulgente = brillante
[2] Rutilante = reluciente
[3] Raquítico = miserable

# *Aspa*[4]

Vino a que lo embistieran[5]

Aquellos se dieron cuenta


Vino a que lo arremetieran[6]

Aquellos se dieron cuenta


Vino a que lo torturaran

Aquellos se dieron cuenta

El pecado del hombre es el causal


Así lo dijo

*Cederé mi templo*


Así lo dijo

*Crucificarán mi cuerpo*


Así lo dijo

*Llegará la Resurrección*


Así lo dijo

Así fue… lo había dicho

---

[4] Aspa = cruz
[5] Embestir = agredir
[6] Arremeter = atacar

# *Dios*

Me dicen por ahí

Que estás ahí


Me dicen por ahí

Que Tú quieres pasar


Me dicen por ahí

Que me puedes transformar


Pues, Oh, Dios, ¡Allégate!

Cambia el color de mi interior


Allégate a esta casa… mi templo

Y llénala de tu avenencia

# *Fijación*

¡Quién nos mira!

¡Quién nos acompaña!


Es Dios… es el Dios

que interviene con los suyos


Oh, Dios ¡Cuán deliciosa es mi esperanza!

Sobre Ti reposo

Y en quietud me quedo

Tú lo dices, Todo

# Igualdad

Similitud a Dios

Semblante sombrío


Similitud a Dios

Mirada clara


Similitud a Dios

Sentido elevado


Loor a quien no decae

Loor a quien no se aciaga

Loor a quien no se hunda[7]


¡Alabanzas a Ti!

Creador

---

[7] Hundir = sumido en la tristeza

# Iglesia

Edificación encuentro

Más aún no me invito

Entrelazo de recuerdos

Me llevan a centrarme


¿Quién quita lo vivido?

¿Quién olvida lo vivido?


Quiero pasar… la puerta está abierta

Quiero pasar… me detengo yo mismo


Hay más de uno

Escucho cánticos


Hay más de uno

Escucho oración


Hay más de uno

Escucho adoración


«Quiero pasar», así me digo

De paso… Dios la puerta.

# *Llegó*

Preciso momento
Momento interrumpido

Preciso momento
Momento detenido

Preciso momento
Momento elevado

Preciso momento
Momento iluminado
Luz en medio de las tinieblas

Luminosa gracia
Luminosa vida
Alumbramiento en el alba[8]
Alumbramiento de resurrección

Él es quién es
Luz en medio de las tinieblas

---

[8] Alba = amanecer

# *Salvado*

Te presentas afable[9]

Te presentas aromático


A tus hijos perfumas

Con salvación en mano

Nos manejas como el barro


Que en tus manos queda

Nos llevas a la mística[10]

Que en tu presencia queda


Reconciliado me siento

Así es, Dios

---

[9] Afable = amable
[10] Mística = Sagrado, divino,, piadoso

# Soberano

Soberano[11], ¿quién dijo que no existías?
Existencia del Soberano con su poder en mano

Soberanía a quién alcanzas, se hace sabio
Soberanía a quién alcanzas, se hace salvo

Sabio... escogiendo lo bueno
Salvo... guardando lo eterno

Buen vivir sumergido en Ti
Eternal para un buen vivir
Soberano eres Tú quien alcanzas

Heme aquí, señalado por Ti
Existencia del Soberano con su poder en mano
Eres quién levantas mi espíritu
Eres quien levantas mi alma

¿Quién dijo que no existías?
Dios eres Tú el Soberano

---

[11] Soberano = poder

# Oración a mi Padre
## (Sed semejantes a Dios)

Padre, sé mi sombrilla en medio de la lluvia

Enséñanos tus delicias de grandeza


¡Déjanos ver tu gloria!

Manifestando tu soberanía,

Aquí en la tierra como en tu trono

Danos tus delicias del manjar,

Y líbranos del encierro

llevándonos a donde no hay enfermedad


No nos dejes desencadenar nuestra concupiscencia

Librándonos de la muerte

Tuyo es el poderío. Amén.

# Lúcida Alma

No te quedes en la volubilidad [12]

De a quien alcanzas…


Vincula tu alma a la alabanza

Dando coronación a quien alcanzas

Empeñado está de que los alcances


Indispensable es

Reconocerlo a él

El Cristo

---

[12]Volubilidad = volumen alto

# *Techo*

Cúpula[13] de altura

Cúpula de protección


Particular torrecilla

Particular cobija


Domo poderoso

Domo guarecer


Me miras de lo alto

Me arropas con tu color


Abrazada me siento

Infinito amor

---

[13] Cúpula = representa la bóveda celeste

# *Eres Tú*

Esmeralda de mis sueños a pasar

Es una ovación del colorido


Adorno de mi corazón

Ocupas la creación con tu tónico[14] color


Entrelazas la esmeralda[15] con tu urente[16] poder de la creación

Eres Tú, paraíso terrenal.

---

[14] Tónico = reconfortante
[15] Esmeralda = Simboliza el poder con su tono verde
[16] Urente = ardiente

## *Arrullo*

Dios cambia mi pesar con tu arrullo escuchar

Arrullo que tranquiliza canción escuchar


Letra que acaricia

Melodía templada

Combina lo sagrado composición marcada

Marcada de una palabra


*¡Cuán rica acogida!*

Texto cantado

*¡Cuán rica melodía!*


Me trae alivio

el arrullo escuchar

# ¿Quién dijo?

¿Quién dijo que no encontraría
un verso en la oscuridad?

¿Quién dijo que no encontraría
un cántico en la oscuridad?

¿Quién dijo que no encontraría
una ventana en la oscuridad?

Ventana que llena mi alma
Mi alma a la libertad
Ventana que armoniza mi interior
con baño de sentimiento

Sentimiento con la pasión
Pasión llena de afecto

Por la ventana vi
al sendero de la Cruz

Sentí sensación
Sentí pasión

El Cristo en el madero
¿Quién dijo?

# *Enviado*

Tengo frío
Tengo calor

Hay buen clima en mi corazón
El frío me lleva al abrigo
El calor me lleva a la actuación

Se combina el equilibrio con la gran purificación
Se combina el equilibrio blanqueando mi corazón

Se combinan entre sí
Actor de mi devoción
El Cristo

# Románticas

# *Arco Iris*

Arco coronado, arco destellado

Iris de color, color de resplandor

Contacto unido; vislumbrándose en tornasol

Color primaveral legítimo

Color primaveral abrazado

Nos llenan con rocío

Rocío que se ve

Nos llenan con rocío

Rocío de luz

Esperanza abrazada con el iris

Iris dándonos color

Color coronado

Color dándonos fulgor

Fulgor despertado

Fulgor esperanzado

# *Propuesta*

Anoche soñé contigo
Privilegio con sentimiento
Enamoramiento lleno de color
Ardiente color rojizo… rojizo con intensidad que lo abrazo
todito
Calentura que quita el frío
el frío de un lecho vacío
Declarándome estoy
¡Unamos nuestras almas con el favor de Dios!
¡Unamos nuestros cuerpos con bendición del cielo!
Bendición de altura
altura del creador
vamos… ¡Casémonos!


Pacto de amor

# *Te veo así*

Verte de esta manera
Manera de verte así
Florecida como las rosas
Con sus pétalos color de rosas

Verte de esta manera
Manera de verte así
Con dulzura de pétalos
Aroma de rosas

Verte de esta manera
Manera de verte así
Con vestido de brillo
Al natural, ¡bella rosa!

Gotas que caen del cielo
Gotas de quien te hizo
Belleza natural
Dios las hizo

# *Corazón*

Cuando sientas que se ensancha
Una vastedad[17] de amor
es que Dios ha derramado su benévolo[18] amor
Solemne amor
Imperial amor
¡Mira el día con su verduzco color!
¡Mira la noche con su negrura color!
Dios; definición de amor.

---

[17] Vastedad = inmenso
[18] Benévolo = cariñoso

# *Novios*

Nos despedimos en la noche
Mas afinidad tenemos

Nos despedimos en la noche
Mas vínculo tenemos

Nos despedimos en la noche
Mas afecto nos tenemos

Estamos enamorados
¡Cuán larga espera!

Se alegra el día, el día del pacto
Unión presencial

Al maridaje vamos
Al entre dos vamos

Delicia para el gran día ¡Si!
Delicia de mies[19] ¡Si!

Mies del casado
Mies de la casada

¡Se allegará el día de la unión!
El día de la unión
¡Oh! unión consumida

---

[19] Mies = dulce

# *Pureza*

En el amanecer hay esperanza
En el atardecer hay suspiro
En la noche incertidumbre


¿Quién eres? ¿Quién pasa?
¿Quién está en mi lecho cuando la noche pasa?


Será, ¿será la rosa de color rosa
vestida de lozanía[20],
verdor de la esperanza?


Será, ¿será la rosa de color rosa
que me abriga con suspiro?


Será, ¿será el cese de la incertidumbre
allegándose el gallardo[21]?


¿Quién eres?… ¿quién pasa?
¿Quién está en mi lecho cuando la noche pasa?

---

[20] Lozanía = aspecto joven
[21] Gallardo = bello

# Ciegos

# *Huérfano*

Pasos de apercibido

Niño de pasillo


Pasos de apercibido

Niño de escalera


Pasos de apercibido

Niño de banco


Cuando caminas, de reojo te miran

Carente de abrazos estás

Carente de la ternura

Carente de quien te vea


¡Malévola tu soledad!


Bendito el que te vea

# Laberinto

¡Y ahora por dónde cojo!
Asómate claridad, ¿dónde estás?

¡Y ahora después de esto!
Asómate camino, ¿dónde estás?

¡Y ahora no veo salida!
Asómate solución, ¿dónde estás?

Busca al sabio… despega ceguera
Busca al sabio… anchura de camino
Busca al sabio… apoderando la elección
Ve al sabio… ayuda del sabio

Se va la ceguera
Se ensancha el camino
Se hace el provisto

¡Si voy! Visito el sabio

# *Platónico*

Beso árido

Beso seco

Con un beso seco no se humedecen los labios


Amantes, amantes

Dios restaura los pesares

Convirtiendo besos en cristalinos mares


Amantes, amantes

Dios restaura el aguijón... y convierte besos en pasión

Humedezcan sus labios


Amantes, amantes

# *Queja*

Mucha *quejabanza*

Sale por mi boca

Dios, ¡apiádate! y no lo tomes en cuenta

Derrama sobre mi

Don de la fe

que me coja la esperanza

Escudar[22] das al calmado

Pan al menesteroso

Perdóname, Padre.

---

[22] Escudar = amparo

# Si no ves

Si miras a lo lejos y no ves nada… Acércate más
Si miras a lo lejos y nos ves nada… Busca la forma

Acercándote se abren los ojos
Ves la forma ilustrada

Acercándote se abren los ojos
Ves el detalle ilustrado

Ojos que ven
Luces que dirigen
Remueve la hambruna del alma
Vislumbrando un alba

# *Fibromialgia*

A ti,

*¿Dónde duele?*

*Ahí duele*

*¿Dónde duele?*

*Por ahí duele*

*¿Dónde duele?*

*Por aquí*

*¿Dónde es por aquí?*

*Por allá*

*¿Dónde es por allá?*

*El aguijón no tiene dirección*

*¿Por qué?*

*Porque toca el alma*

*¿Y por qué toca el alma?*

*Porque es incomprensible*

*¿Por qué es incomprensible?*

*Porque no se ve*

*Mujer, hombre, no calle, ¡aunque no se vea!*

*Llegará el día*

*¿Qué día?*

*El descubrimiento.*

*¿Cuál descubrimiento?*

*El "por qué de"*

*¿Cuál "por qué de"?*

*El por qué duele y no se ve*

# Ruegos

# De lejos me ves

Me ve como hago, me ve a dónde voy
Miro a todos lados a ver quién me ve

¿Quién será? ¿quién me ve?
A pesar de que no se ve

Soy un elegido, por eso me ve
Dice que tengo dote, por eso me ve

Dios mío, ayúdame a definir qué es
¿Acaso es un camino angosto lo que se ve?
¿O acaso es ancho cuando se ve?

Revélame, Dios mío, ¡cuál camino es!
Andaje[23] en la acera a escoger.

---

[23] Andaje = atracción

# *Esclavo*

¿Por dónde voy?

¿Dónde estoy?

Encadenamiento tengo

¿Dónde estoy?

Este vallador no me deja

¡No me deja ver dónde estoy!

Atado me siento

¡Me engorro, no salgo!

Hay tumulto… agotado me siento

¿Dónde está la luz?

¡Rescátame a la libertad!

## Anhelo

¡Cógeme soñando!

¡Cógeme ensueño!

Dentro, en el entresijo para tripular al débil

Dios que sea para llevar compasión

Provisión de la cobija

Provisión de la capa

Esta provisión… del Gran Dador

# *Cápsula*

Cápsula de encierro
en parihuela[24] me encuentro


Mis ojos delatan debilidad
Apartado de la muchedumbre me siento


Favorecida fuere si me restaura mi fatiga
Favorecido fuere si fuera retirado mi espíritu


Dios me duele mi carne
No postergues más tu deliberación


Cierro la colgadura de mi ventana
esperando tu liberación


No tardes, Dios mío

---

[24] Parihuela = Armazón, Caja

# Cansancio

El tedio me acecha

El tedio me desmorona

Dios llena mi jícara de lo vigorizante

Dios llena mi jícara de tu fuerza

No quiero que me acoja lo craso[25]

No quiero que me acoja lo inicuo[26]

Llegando la resolución que nace del corazón

Clamo a la sabiduría

Clamo a la virtud

¡Se levanta lo laborioso!

¡Se levanta el quehacer!

¡Oh, vigorosa siega!

---

[25] Craso = rudo, tosco
[26] Inicuo = malvado

# Encorvado
## *(Tema de arrepentimiento)*

Llega la noche, me acuesto encorvado

He errado más de una vez

Vergüenza siento

Arrópame con tu colcha, Dios

¡Quiero esconderme!

Lo sé, lo buscaré cuando me arrope

Lo sé, derecho me pondré

Meditación llega

esperanza de restauración

# *Miedo*

En medio de la multitud me siento corta

En medio del gentío me siento tímida

En medio de la aglomeración me siento indecisa

Pues Dios, toma mi corto conviértelo en Cronista[27]

Pues Dios toma mi timidez convertirlo en información[28]

Pues Dios toma mi indecisión conviértela en resolución[29]

Oh, Dios

Desastra[30] mi perspicacia

---

[27] Cronista = narrador, historiador
[28] Información = reseñas
[29] Resolución = audiencia
[30] Desastra = destapa, talento

# *Te ruego*

Comparte tu rodaje de pan

Quítame esta hambre


Comparte tu vaso de agua

Sácame de esta aridez[31]


Comparte tu cobija

Sácame del frío


Acrecienta tu hogaza

Acrecienta tu cachorro

Acrecienta tu techumbre


A Ti mismo… A Ti mismo ruego

---

[31] Aridez = sequía, sed

# *Fuerza*

Dios acarrearme en tus brazos

Lléname de caudales

Brillantes en la oscuridad

Omnipotente eres

Lléname del requiebro de tu santidad

Dios eres mi zaguero[32]

Toma mi alma

Llévala a la realeza de tu cantidad

Dios eres mi fuerza

que me aparta de la maldad

---

[32] Zaguero = defensa

# Letra
### (poema de amor)

¿Dónde está mi letra?
¿Dónde está que no se ve?

No la siento aquí…
Ni tampoco allí

Descompuesta me siento
buscándola así

Con lamento en mi alma
mira que es así

Letra de suspiro
Letra de inspiración

Inspiración tomada
…tomada de mi sentir

Te amo, Letra, no te vayas
Te amo, Letra, no me dejes así

Así con este vacío
Sin llenarme de Ti

Te amo

# Úsame, Dios

Úsame, Dios

Camino hacia el podio

con la palabra en mano

Sale por mi boca tu palabra hallada

Sale por mi boca tu palabra estudiada

Úsame deidad frente a este gentío

¡Ay de mí, si dependo de mí!

No lo quiero así

Quiero darte ovación, ovación solo a ti

Quiero darte ovación con ricura de Ti

¡Úsame!

# *Clamor*

Tengo pena… arraigada en mis pensamientos

Tengo pena… arraigada en mi alma

Tengo pena… me duele el aguijón[33]

Tengo pena… mi prójimo tiene aguijón

Tengo pena… caminando aquí en la tierra

con este hecho


¡Te clama mi alma, Dios, en medio de esto así!

¡Te clama mi espíritu, Dios, en medio de esto así!

¡Óyeme!, estoy aquí

---

[33] Aguijón = espina, alguna estilla

# *Dolor*

Al estar en un séquito[34]
Siento penuria en mi alma


Oh, Dios, ¡Ayúdame en este trayecto!
Oh, Dios, ¡Ayúdame en esta congoja!


Llega con tu abrazo
Abrazo que consuela


Llega apretándome con dulzura
A esta penuria en mi alma.

---

[34] Séquito = comitiva

# *Paños*

Mis ojos están llenos de agua

Buscan paños que insten pureza

Dios seca mis lágrimas con paños tibios,

Tibios paños que depuran,

Que se aflore tu aligerar[35]

Acogiéndome en tu pecho,

Que sienta que me rodeas,

Que siento tu absolución

¡Dios, me enlaza!

¡Dios, me levantas!

Paños puros

---

[35] Aligerar = consuelo

## Pobreza

Callos me duelen, ando descalzo

Vientre abultado, de aire lo tengo

Hay alimento en la tierra

Mas a mí no llega


Hombres vean al menesteroso

dolor de hambre traigo


La tierra es bendita por Dios

Planeta de nadie,

Planeta de todos.


Comida de nadie,

Comida de todos.


¡Venga el samaritano!

¡Venga el maná!

¡Venga que a todos Dios nos da!

¡Hay para todos!

# Puerto Rico 2014

En medio del mar me encuentro

En hundimiento aparente


Inquietud desata

Prosperidad suspendida


El error cuesta

El error mata


Dios no te vayas, somos Isla del Cordero

Dios no te vayas, somos Isla cristiana


Muchos te reconocemos

Muchos te veneramos

Extiende tu misericordia y danos la mano


Decimos así:

Isla bendecida

Isla del Encanto

## *Por ahí no pasé*

Dios vitaliza el alma de ellos
el dolor en su hogar les ha alcanzado


A mí me aflige su dolor
Mas no he pasado por su aguijón


Tu solo eres quién su dolor entiendes
mi presencia no los abastece


El mirarlos no los consuela
Con Tu intervención suprema, consuelo les llega
Dios… vitalízales el alma

# *Por ahí pasé*

Dios, me costó
Dios, ¡qué duró me alcanzó!

En mi casa el amasijo[36] entró,
la desesperanza me alcanzó

Tranquilidad clamaba
Tranquilidad no se allegaba
Destrucción esperada
si Tú no te allegabas

Extendida tu mano vi
Cambiado, yo lo vi

Sanaste, yo lo vi
Sanaste mi casa, Dios
Yo mismo lo vi

---

[36] Amasijo = desorden

# Deficiente mental

Ayúdame, Señor, con esta fragilidad que siento

Que no me acose la letra
Que no me acose el número
Que no me acose el idioma

Insuperable me siento
No puedo hablar

Me llena de torpeza
Me acoge desaliento
Me acoge angustia

Derrama intelecto sobre mí
¡Dios mío!

Que se allegue la inteligencia del poderío de tu gran letra
Enséñame, Dios mío

# *Rosa Negra*

Cambia de color, Rosa Negra
que el color bruno te enluta

En el vergel de Dios,
no estás hermosa

No te escondas del regadero
Empápate de la sumaria de Dios

Enmendamos tu dolorida vida
con un tallo de altura
Altura cubierta con la revelación divina

Fértiles se convierten tus capullos
desahuciando tu color oscuro
Rosa, rosa… blanco tu rosal

# Me haces falta

Por medio de Ti unido con mi madre
Dios sabía que yo nacía

Salías de casa donde había calor, y no volvías
Padre, no te pierdas ¡déjame contarte mi día!

El pavor me acecha al ver tu butaca vacía
Padre, no te pierdas ¡mi madre te espera!

Desaliento siento oír su llanto…
Desaliento siento… quiero verte.

Padre, no te pierdas ¡Allégate!
¡Allégate antes que la vejez en soledad te aceche!
Me haces falta… mi padre.

# *Déjame vivir*

Salud te pido para poder hacer,
hacer a los míos, quehacer hacer…

Lo sé Dios, no lo soy
Indispensable no soy
Sustituirme se puede; favor les alcanza

Más aun Dios, déjame vivir
Aunque me agote, déjame vivir
Quiero verlos cuando alcancen
Quiero verlos vivir

Manifiesta tu misericordia
Manifiesta tu piedad

Salud te pido para poder hacer,
hacer a los míos, quehacer hacer…

Lo sé Dios… eres tú quien decides
Si será así, quitándome el aguijón
Si no será así, quita el aguijón

Más aún, Dios, te pido
Déjame vivir.

# Juez

Virtud manifestada
Justicia verdadera

Virtud; aplicando lo justo
Pena aplicar, aplicar al merecido

Dentro de su paga, franqueza expresada
Dentro de su paga, le llegue arrepentimiento

Le llegue Paz aun cumpliendo
Aun cumpliendo, pagando su precio

Pagando su precio
se confiesa el encarcelado

*¡Juez! inclino mi corazón*
Se confiesa el encarcelado
*Inclino mi corazón a usted, he errado*
Se confiesa el encarcelado
*¡Juez! ¡Apiádese de mí!*
*Pongo mi vida en sus manos*

# *Santidad*

Dios acarréame en tus brazos
Lléname de caudales brillantes en la oscuridad


Omnipotente eres
Lléname del requiebro de tu santidad


Dios, eres mi zaguero[37]
Toma mi alma
Llévala a la realeza de tu santidad


Dios, eres mi fuerza
que me aparta de la maldad

---

[37] Zaguero = defensa

# Enséñame

Maestro, instrúyeme
quítame el hambre
Hambre de saber
Hambre de aprender


Maestro, da tus conocimientos
Sacándome de lo que no sé


Maestro, da tu sabiduría
sacándome de lo que no sé


Cuando importes tu hogaza de pan
crece la cobija del saber


Descubro el conocimiento
Descubro la sabiduría


¡Oh, maestro!
Tengo la Materia

# Agradecimiento

# *Condición*

Sobrellevo estremecimiento en mi cuerpo
Me agarra la convulsión


Pánico me acoge
afectándome la razón


Llega el coloso sanador
Llega con su infinita veneración


Soy levantada del suelo;
Supremacía de unción


Gracias, Señor

# Fueron ellos

¿Quiénes los esperaban?

> Fueron ellos.

¿Quiénes los recibieron?

> Fueron ellos.

¿Quiénes se lo dieron?

> Fueron ellos.

¿Qué les dieron?

> Pan de la enseñanza.

¿A quiénes señalan?

> A los maestros.

¿Quiénes son ustedes?

> Obreros.

¿Obreros?

> Sí, obreros enseñados por los maestros.

# *Necesitado*

Toma tu cacerola y camina
Toma tu cacerola, pide clemencia


¿Satisfecho?
¿Llegó tu buena salazón?


Recupérate de la anemia
Labora para dar hogaza
Da del manjar al que camina
con cacerola en mano y pide clemencia

# Matriz Fértil

Me distes fertilidad

Matriz en salud

¡Parí!

Mama para amamantar

Brazos para abrazar

Prudencia para instruir


Descendencia coronada

Mujer que dio a luz

# Si no fuera por ti

Si no fuera por ti
me hubiera quedado


Si no fuera por ti
no sé dónde estaría


Camino había, camino a donde ir
Tropecé con la maldad
Aparentando el buen vivir


Quisiera vivir en gracia
Quisiera vivir en esperanza,


Esperanza no vergonzosa
Esperanza del buen vivir

# Cumplo años

Cumplo abriles de ensueño

lumbrera del sol

Cumplo abriles de ensueño

brisa que refresca

Cumplo abriles de ensueño

regalos escalonados

Cumplo abriles de ensueño

medito mi porvenir


Seguiré cumpliendo,

cumpliendo abriles de ensueño

## *Misericordia*

Tus ojos lo vieron
Tus manos lo levantaron
Tus manos lo llevaron al lecho

Engalanas con la piedad
Infundes alivio con tus manos
Infundes aliento con tu voz

Alivio y aliento le distes,
le distes a quien fue
mi hermano

# *Sátira*

# *Compró*

Reflejo mío vi
cuando me dijo a mí:
«Provisión me dieron,
a invertirlo fui.
Buena compra, bueno para ti.»

*Atontá'* me vi
dentro de mí
le digo así:
«Decisión tomada,
tomada por ti.
Bueno… con onda caminas tú.»

Reflejo mío vi, dentro de mí
Me digo a mí
«Toma tu *atontá'* y mírala así»
¡Buena onda llegó!
y así mismo lo invirtió

Bueno… bueno para él, bueno para mí
¡Qué buena onda!
Acordado así

# Qué c' yo

¡*Qué c' yo*!
No *c'* por qué río
¡*Qué c' yo*!
No *c'* por qué lloro
Río será por mí o río será por ti

¡*Qué c' yo!*
No *c'* por qué río
¡*Qué c' yo!*
No *c'* por qué lloro
lloro será por mí o lloro será por ti

Bueno, lo que sí *c'* es que estoy aquí,
Aquí con este dilema
¡*qué c' yo* aquí!

En medio de este dilema… salí de aquí
En medio de este dilema… llegué y te vi allí
Te vi con el hacha en mano
trabajando para un buen vivir

# ¿Quién diría?

¿Quién diría? ¿quién diría?
La invitada en casa
recuerdos trajo,
recuerdos acordé.

Mandada fue,
mandada fue a la chismería
Chismería cierta, chismería amarga
Tratada justa fue, tratada justa en casa.

Bienvenida la Gran Señora,
Bienvenida la Gran Vecina que trajo la chismería

¡Ay, que chismería!
Me trajo amargura
¡Que buen hombre!
¡Qué buena familia tenía!
Ah… mi lugar tengo
Déjame investigar esta chismería.

¡Ay! Sí era cierta la chismería
Actuación inmediata
Sepultura le había dado
No se dio cuenta, cuenta la invitada en casa
Bueno… al sepulcro llevé quién así merece

¡Señora, Señora!
¿Quién bien enterada fui con su chismería
¡Libre, libre! con su chismería
¡Santo, Santo! déjeme hablarle

Ayúdeme en medio de este sepulcro
Ayúdeme en medio de este duelo
en medio de la chismería

# *No entiendes*

¿No entiendes qué?

Qué fue así

¿No entiendes qué?

Cómo fue

¿No entiendes qué?

Inspiración

¿No entiendes qué?

Letra

¿No entiendes qué?

Gracia


Respiro de inspiración

Respiro de letra

Respiro de gracia

Mirada busqué y el aprecio encontré

*¡Qué! ¡Qué! ¡Qué!*

¿No entiendes qué?

# ¡Ven acá!

«¡Ven acá!» Te lo digo así
«¡Ven acá!» Te lo dice, está *ranqueá*

Así lo digo yo… ¡y no hay más *na'*!
más *na'* con esta *malcriá'*

Acógete a los suave
si quieres saber
Al buen sabio le llega el saber
… saber lo bueno
y no hay más *na'* conviene hacer
sin hacer maldad

# Así, asa'o

Me siento así
Me siento *asa'o*

Con este meneo
no quiero estar

Toma mi así
Llévalo hacia ti

Toma mi *asa'o*
Llévalo a tu *la'o*

No quiero el así
No quiero el *asa'o*

Solo quiero de ti
Tu bendito melao

# Convicción

# *Fe*

La escasez acorrala

La escasez no deja dormir

La escasez no te alimenta


Escasez, ocúltate

¡Pronuncia mi fe!

Escasez, ocúltate

¡No toques mi casa!


Se allega el pan de quién provee

Provisión de cobija

Provisión de maná


Así es… pronuncia mi fe

## *Arena*

Lo granuloso suaviza

Lo granuloso cura


Si acaso hay aspereza, encuentra solución

Alboroza como la arena, esparce los sentidos


Busca la conveniente tinaja,

Vierte La Rigurosa

Escudriña tu interior

Apropiándote del buen corazón

# *Conciencia*

Gotas caen,
recuerdos que llegan
Líbrame de la conciencia
de mi mal participo

Sabiduría nueva ha llegado a mi ser
Que la conciencia no llegue
Conciencia que atormenta
Con Dios venga recuerdo que no duela

Archivo viejo
Archivo de recuerdo
A la profundidad del mar se fueron
No la puedes usar…

Conciencia

# *Distinguido*

Déjate ver

La armonía te acompaña

Embelleces el derredor


Déjate ver

Abrázate a la sabiduría

Abrázate a lo intelectual


Dilucida, enseña al que ignora el saber

La coacción de Dios te incumbe


Hombre pacificador

Aprecia tus atributos

Hombre pacificador

Apréciate, déjate ver

# *Esencia*

Vida, esencia del Creador

Mente no la oprimas

Vida, esencia del Creador

Alma no la desesperes

Vida, esencia del Creador

Dios quién decida


Esencia del Creador

Se Tú quién separa el espíritu de mi cuerpo

Se Tú quien separa el alma de mi cuerpo


El palpitar de mi corazón solo tu voluntad la detiene

Vida… esencia del Creador

# *No quiero ir*

Si a donde voy
Cristo no está, no quiero ir

Con su poder me cuida, puedo ir
Con su cobija que me cuida, puedo ir
Con su misericordia extendida, puedo ir
Con su sabiduría sobre mí, puedo ir

Cristo me compró con su sangre
Cristo me perdonó por su entrega
Cristo, quien me guía

Si a dónde voy Cristo no está, no quiero ir

# *Predicador*

Allégate a la cúspide[38] de la sabiduría
Erudición[39] que es la sabiduría Santa;
Predicador incansable[40]

Tomando la venerable que es lo sagrado
convirtiéndolo en salmodia
Pureza de la gracia
Veracidad de lo que se habla

Continúa versándote
¡Enseñando el vestigio de la Palabra!

---

[38] Cúspide = Altura
[39] Erudición = Conocimiento profundo
[40] Incansable = No se cansa

# Tierras Lejanas

No sé quién eres
No sé qué sientes

Lo que sí sé es que estás allí
vives al cruzar el mar,
al cruzar el mar de mi tierra

Dios conoce lo que te rodea
Dios conoce tu tierra

Necesitas pan para el cuerpo
Necesitas pan para el alma

Hombres iguales
Parte de la creación

Un día será que nos buscará
Dios de la creación que nos unirá

(Antes de las redes sociales)

## *Vienes*

Me duele el templo,
por ahí Tú vienes

Me duele el templo,
como le pasó a Lázaro

Me duele el templo,
por ahí Tú vienes

A Ti se te clama que llegues,
A Ti se te clama que no tardes

Me duele el templo,
Me dices que me aquietes

Templo dolido… te allegaste
Templo restaurado… me resucitaste

# Mi Bandera

Pertenece a nosotros
Unidad marcada

Pertenece a nosotros
Igualdad marcada

Pertenece a nosotros
Entrelazos marcados

¡Patria!
Mira las líneas rojas;
chorros de sacrificio

¡Patria!
Mira las líneas blancas;
Imperio de luz
¡Somos libres!

¡Patria!
Mira el triángulo con un cielo inmenso
y el baño en azulejos mares

¡Patria!
Mira la estrella;
Unidos en prosperidad

¡Patria!
Tenemos una gran nación
El símbolo de la puertorriqueñidad

## Elevación

Aquel día… cuerpo elevado
Sentí unción palpar

No lo pedí, tan solo lo sentí
¡Oh, Dios! Sé que estabas allí
aunque ahora no lo sienta así

Aquel día… cuerpo elevado
Te plació que lo sintiera así
No lo pedí, tan solo lo sentí

¡Oh, Dios!
Aquel día… cuerpo elevado

## *Lléname*

Quiero que entres
Abre la puerta
Entra, y vislumbra mi alma


Quiero que entres
Abre la puerta
¡Cuán primorosa presencia
que vislumbra mi alma!


Quiero que entres
Abre la puerta
Provisión en tu maná
que alimenta mi alma

## *Nos volveremos a ver*

En la profundidad de esas miradas,
aguas cristalinas yacen sobre ellas

Observan un cofre lleno de pétalos de rosas,
rosas entrelazadas de esperanza,
esperanza de suspiro;
Aplausos consentidos

Dios nos buscará y nos unirá
Enlaces internos, abrazos esperados
Te veré

# Corrupción

# Adulterio

Estoy atolondrado por mi confuso amor
No existe amor, ¡cuán amor dividido!

Infortunado es el que comparte su supuesto amor…
marchitando su jergón[41]

Erré, cedí a lo voluptuoso[42]
Fui carátula en presentación

He acostillado mi relación legítima
Esta *pachotá* contaminó mi unión

Cónyuge, pido a Dios
que te ensanche con sus lirios de amor
Legitimo amor, perdóname…

---

[41] Jergón = cama
[42] Voluptuoso = lascivo

# *Cortesana*[43]

No me queda de otra, dinero rápido
Hijos tengo, hijos mantengo
No me queda de otra, su padre se marchó

Hombre que no amo, acoge mi figura
Hombre que no amo, sus manos me tocan
Hombre que no amo, intimidad tenemos

Ese hombre que no amo
me llena las manos
Manos de provisión
para la manutención

En mi soledad veo mi intimidad
Intimidad usada
Intimidad cicatrizada

¡Qué martirio!
Martirio de un trato hecho

---

[43] Cortesana = mujer que ejerce la prostitución de manera elegante y distinguida

# *Corrupción*

Estoy de frente,

de frente a la alteración

Cápsula de inducción[44]

Me atrae la interdicción[45]


Allégate, Dios, se revuelta la depravación

Ayúdame a no deslizarme

en medio de esta avaricia

en medio de esta cicatería


Es extravagante

Me lleva al aturdimiento

Concupiscencia[46], me alejas de la mesura[47]


Dios, irradia sobre mis tus atributos

Dígase así: que no sea

Deslealtad Marcada

---

[44] Inducción = tentación
[45] Interdicción = prohibido
[46] Concupiscencia = maldad
[47] Mesura = sobriedad

# *Punto*

Afán inmediato tuve de buscar dinero
No dobló el mollero a casa sucio no llegó


Esquivando miradas, eso hago
Estiro, y doy cuando así todavía tengo


Me someto al que me dice «*Aquí te quiero*»


Ha pasado el tiempo no me dejan ir


Dios mío, ¡sácame de aquí!
Sálvame de esta red que me tiene encarcelado


Soberano Tú, que haces milagros
¡Sácame de aquí con tu poder en mano!

# Desvío

Inclinación siento,

al devaneo voy

Con el velo me siento, me agarra el desasosiego

Consulto a mi cuerpo

Veo mi género

Amo la identidad a pesar de lo que siento

Causal de la caída, caigo en un desdén

Con capucha me cubro,

¡Apiádate, Señor!

No se levanta la capucha y sabes quién soy

Debilidad no es para siempre

Debilidad se desvanece

Cristo soportó la Cruz, en vano no será

Llegará el día, día de la compostura

Compostura del Cristo

Compostura de quién soy

Camino erguido con mi propia identidad

Identidad de quién me hizo

Identidad de su propiedad

# Nostalgia

# ¡Hijos Míos!

Me dolió cuando di a luz

Más aún regocijo sentí al ver los hijos que parí,

para sí llevarlos así


Entrelazados en mi pecho,

pecho que amamantaron

Movimientos en la mecedora para sentirlos así,

acariciarlos llenándolos de mi


Así de lo acierto de mi amor

Mi amor ante lo sí,

Así para amamantarlos

Así para criarlos


Criarlos con recelo para frutos de sí

sí en lo bueno, si en buen porvenir


¡Hijos! no escojan lo vil, lo despreciado

Busquen el pecho del saber

Escogiendo así lo bueno

¡Hijos míos!

# Humillación

Ridiculizada me siento ante un desprecio así
Desprecian mi cordura, cordura que les pedí

Me siento avergonzada por llegar hasta ahí
Ahí de un ruego injusto
Injusticia humillada que digo así

¡Acaparen el razonamiento!
¡Razonamiento con favor!
¡Favor maternal!
¡Favor de la piedad!

Piedad para que se quieran
Piedad para que se respeten

Debilidad de la humanidad
Debilidad de un *yo* avergonzada

Así del dolor, dolor de verlos así
Humillada me siento

# *Diario*

En su diario vi su retrato
En su diario ya sé cómo fue
En su diario ya sé…

Dios que al llegar a la última página no mendigue mi fe

Repruebo el causal
Repruebo quién estuvo
Repruebo quién estuvo
Repruebo quién lo ocultó

Estallando con esta pena
Estallando, provocando mi fe

Dios, quién amo está inanimado
Dios quítame esta sed

¡Consuélame, Dios mío!

## *Pesar*

No puedo consolarme, eso es así
Repudio el dolor, mas me ha llegado así
Se allegó sin avisarme, dejándome así

¿Dónde te fuiste, hijo mío?
¿Dónde te fuiste? ¡Quiero de ti!
Dolor en mi vientre siento
Retorciéndome con este vivir
Vivir causándome pena de perderte así

Que Dios se apiade de los que quedamos
con esta amargura que ha llegado así
Amargura de dolor
Amargura de dolor sin fin

No lo entiendo, Dios…
¡Mas allégate aquí!
Si no te allegas, no llegaré allí

Allí donde cae la noche
encendiéndose la luz

La luz que ilumina el alma,
y poder verla así
Dios… lumbrera de paz

# Hermano

Hermano, ¿porque te fuiste?
Aliado de mi corazón


Carente estoy de tu mirada
Mirada de ternura


Te veía deslomado
escaso del vigor


Al firmamento te fuiste
Déjame conformarme, mi hermano

# *Lágrimas*

Lágrimas limpias… lágrimas purifican
Lágrimas consuelan


Cuán dolor; mi pena
Cuán dolor te me has ido


Mis entrañas te sintieron
parto con dolor, despedida con dolor


Con dolor te despido,
a la inmensidad donde no hay dolor
Te veré, mi amor
Letras de una madre

# *Llanto*

Si lloras, que sea porque purificas tu alma
dejas que te sea limpiada

Si lloras, que sea por compasión
para que tengas piedad

Si lloras, que sea por misericordia
para que tengas humanidad

Enriquece tu espíritu
con delirios de apasionamiento

Enjuga tus lágrimas y venera al Cristo

# Matriz Infértil

Mi matriz se encoje
Mi vientre no se ensancha


El que cura dice que no pariré
que llegaré a vieja sin parto


¿A quién voy a darle mi pecho?
¿A quién voy a darle mis brazos?


Compungida se siente mi alma
Necesito entrelazarme con un bebé


Mas, aun así, que no se vaya mi ternura
Dando amor a quien no parí
¿Dónde estás tú? … aquel bebé

# Tres Meses

Continúa, el llanto no se detiene
Deploración derramada
ante lo venerable[48]
Aclamación a la manumisión[49]
Aclamación a la libertad del alma

La rebelión me había pillado
La rebelión me había robado el gozo

Con fuerte sobrenatural
Sucumbí fue el llanto

Resurgió lo propio de Cristo
Alargado fue el llanto

Mi aspereza murió con el rocío de Dios
Reflejado en mi rostro se vio

Fueron tres meses

---

[48] Venerable = sagrado
[49] Manumisión = salvación

## Soledad

Alma mía, si acaso te sientes sola,
sigue callada… ya mismo llega

Alma mía, si acaso te sientes muda,
sigue callada… ya mismo llega

¿Quién dices tú que llega, pobre alma mía?
Llega, llega delicia
la nutrición para el alma vacía

¿Quién dices tú que llega?
El inmenso amor que se allega

¿Quién es?
Es Jesús, sin duda
Aliciente de la llenura

# *Sentimiento*

Dios me ha visto
No solo eso; me contempla
Quiere de mí, corazón perdonador

Me dio absolución
Absolución por mi propia nefanda

Actué con alelaba[50]
dentro de un amor soluble[51]

Unión de la que fui echada
Ha pasado el tiempo se acabó la cercanía

Tu bastón me sostiene Dios
Me pongo en tu merced

Reaccionó a mi verdad
Escudriño y descubro amor viejo, amor eterno

Te entrego este amor que todavía siento
Ha pasado el tiempo
se acabó la cercanía

La gracia en tu mirada
La gracia es tu amor
Credibilidad ¡actúa!… lo amo todavía
Sé testigo Dios, le entregó un indulto
Indulto al hombre que robó mi vida

---

[50] Alibaba = confusión
[51] Soluble = débil

# *Violado*

Aturdimiento siento

Aturdimiento veo

Me quieren sonsacar

Me quieren incordiar

La vergüenza me aqueja

salga yo de ella

Malévolo hombre, ¡déjame ya!

Afligiendo mi cuerpo te pasas

Te quiero aporrear[52]

Te verás frente al supremo

El enflanqueamiento te aniquilará

Sáname, Señor de este dolor

Usa esta laceración para avivar,

Avivar la voz del que esté callado

---

[52] Aporrear = golpear

# *Manto*

Cubierta con manto
Tengo dolor


Vez en vez asomo
Vez en vez asomo el ojo


No quiero que me vean
No quiero que me sientan pena
En lo oculto murmuro oración


Está llegando el que quita el manto
Está llegando la consolación


Esperen los de afuera
Esperen los apacibles


Está llegando el que quita el manto
Está llegando la consolación


Si con dolor te sientes,
murmura oración al que quita el manto…
murmura oración al Cristo

# Cuidarte Quiero

Dosis… dosis de ternura
Ternura, ternura dócil

Mi mirada quiere ser así de dócil
Ojos de esperanza, ojos de compasión

Aguas se acumulan
Mas luego se deslizan

Dosis… dosis de ternura
Ternura… ternura dócil

Mis manos quieren ser así de dócil
Manos delicadas, manos que acarician con develo
Desvelo de un gran sentimiento

El precio que cuesta cuidar al enfermo
La compasión no avergüenza
La compasión no se desliza

Dosis… dosis de ternura
Ternura… ternura dócil

Mis manos no se debilitan
Con este gran precio
acarician con desvelo
Desvelo dispuesto…
desvelo por un gran sentimiento

## Hombre Infértil

Me creí con potencia
potencia desmoronada tengo
No me siento completo
No tendré descendencia

Orgullo me acoge
Me acoge el coraje

Dios, dame de tu vigor
pues mujer tengo
¡Mujer espera!
Que te acoge lo sabido

Mujer... Misericordia quiero

# *Quiero Pintar*

Quiero pintar mis escritos
Reflejan la profundidad de lo que siento

Me vigilo a mí misma,
tratando de ver el aparente supuesto

Supuesto no verse…
Supuesto no tocarlo…
Más aún, lo siento

¿Qué tratas de coger?
La imagen de lo inmaterial
¿Qué es lo inmaterial?
El espíritu; el alma de lo que siento

# Ironía

# Belleza

Quiero verme bella.
No importa qué
Quiero verme bella.
¡Así es qué es!

Me lo dicen los medios,
Me lo dice la gente
En el trabajo lo dicen
¡Así es qué es!

Importante me siento,
Si bella me ven

¿Qué será de mí cuando no me vea bella?
Pelearé contra el tiempo
Pelearé contra la vejez

Que Dios tome mi conciencia
Enfrentando a la vejez
Que Dios tome mi conciencia
dándome perlas del saber

Camino del saber… Belleza interna
Así debe ser
¡Así es qué es!

# *Injusticia*

Señalamiento sobre mi incorrecto ha llegado
¿Quién me saca de la injusticia?
Defendiendo mi justicia


Abogado de abogados… ¡que venga el que escucha! Que no
solo oiga
Abogado de abogados… ¡que venga el que observa! Que no
solo mire


Lo palpable le llegue al que culpa
Tribunal que tiemble ante la injusticia


1.  Oído escucha

2.  Ojo observa

3.  Mano palpa

# Me Ven

El que pasa me ve con su mirada fija…
aparenta saber de mí
El que pasa me ve con su mirada fija…
definen si cuadro propio de mí
El que pasa me ve con su mirada fija…
ensimismado[53] me paso
El que pasa me ve con su mirada fija…
comunicar quiero

¡Ay del que me ve y creen saber de mí!
Yo sí sé quién soy
Yo mismo sé que represento
Yo mismo sé quién soy
Camino con el Autismo

---

[53] Ensimismado = aislado con sus propios pensamientos

## *Temor*

¡Pavor te da!

Aún tienes que presentarte

Suerte de Dios… te levanta


¡Pavor te da!

Aún tienes que arreglarte

Suerte de Dios… animosidad te llega


¡Pavor te da!

Aún tienes que irte

Suerte de Dios… valentía se allega


*«Sí, sí, Dios*

*¡Que me acoja tu providencia!»*

# Espejo

Me asomo y me miras
Me miras con cautela
Me hablas a mi…
Me haces acercarme a ti

Miras mis pupilas, hablas a mi corazón

Hermosura del tiempo
Adquisición de sabiduría
Me hablas… me digo a mi
«¡*Agarra la conciencia y vístete de la gracia!*
*¡Agarra tu nueva escultura!*
*¡Agarra tu nueva corona!*»

Así me digo, así es que es
¡Toma tu cambio!

# *Ironía*

¡Santo! Dios dijo al enfermo
*«Ten fe y levántate»*
"Levántate y ten fe tengo que decirme yo mismo


¡Santo! Dios digo al confundido…
*«Pide dirección»*
Pedir dirección tengo que pedirme yo mismo


¡Santo! Dios dijo al que no siente amor…
*«Busca el quebrantado de Dios»*
Él es amor


¡Santo! Que se allegue tu quebranto
Dios de amor
Te pido yo mismo

# Lo sé

A sabiendas voy
a sabiendas vengo
me acoge el desamor y se aloja la ingratitud

Lo sé, Dios
En desalmo me siento con el desamor que siento
Lo sé, Dios
Cambias al grosero y a sabiendas no te elevo
Lo sé, Dios
Tuve fidelidad, y no busqué lo bello de ello
Lo sé, Dios
Resbalo en lodazal, me domina la insensatez

A sabiendas voy… no me aguanto
A sabiendas vengo donde Ti
Convierte mi corazón en ternura
Saciándome de tu cordura

# Perdido

Lo propio debo hacer

Lo propio no lo hago

Lo propio me debe acompañar

Lo propio no me acompaña


¡Ay de mí! Lo inminente me puede llegar

¡Ay de mí! Lo inminente llega

¡Ay de mí! Me espera desnudez

¡Ay de mí! Juicio me espera


Alistarme debo hacer

Alistarme quiero

¡Extiende tu mano Dios!

Toma mi querer hacerlo

# ¿Quién dice?

¿Quién dice que no llegas?
¿Quién dice que no llegas a tiempo?


El dolor se allega, mas no hay dolor
El dolor se aleja, no hay dolor eterno


¿Quién dice que no llegas?
¿Quién dice que no llegas a tiempo?
El dolor se allega, mas no hay dolor eterno
El dolor se aleja…
se aleja antes que la fertilidad deje la tierra


¿Quién dice que no llegas?
¡Tú! Dueño de la expansión
Expansión de la creación
Tú llegas cuando Tú quieras a tiempo

# *Trastorno*

Me miran, mi cuerpo tiembla
Se preguntan, mi cuerpo tiembla

Movimientos rápidos
Movimientos involuntarios

¿Tendrá frío? Hay quien pregunta
¿Tendrá miedo? Hay quien pregunta

Rigidez me acompaña con este temblor que llevo

Cuestión de la maldad entre la enfermedad
Cuestión de Dios sanarme de este temblor que llevo
Cuestión de Dios sanarme de esta alteración

Yo mismo me entiendo, y sé que tengo
¡Enfermedad crónica! diles quién eres
¡Sí soy yo! Tengo nueve letras
Me llamo Parkinson.

Líbranos del Parkinson.

# *Alzheimer*

Me olvidé, me olvidé de lo que viví


A veces me desmorono,

no conozco al que veo

A veces me desmorono,

no me acuerdo mi legado

A veces me conviene,

no me acuerdo de que mal hice

A veces me conviene,

no me acuerdo si cause disgusto


En el camino que recorrí, no me acuerdo si me acordé de ti

Si fue así, acordándome de ti,

Galardón tengo

Si fue así, no acordándome de ti,

Castigo tengo


Oh, Dios ¡Acógeme con este debilitamiento!

¡Acógeme con esta enajenación que tengo!


Líbranos de esta enfermedad

# ¿Dónde es?

Alboroto, y hay pan
Tumulto, y hay ropaje

Pan para consumir
Ropaje para arropar

Pobreza, otro *la'o*… bendito
Pobreza, otra tierra… bendito
El bendito es de aquí,
del aquí puertorriqueño

*"Se siente carga"* dicen en Puerto Rico

Hagamos lo propio
Llevemos pan
Hagamos lo propio
Llevemos ropaje

Aquí llega, ¡Llega la provisión!
¡*Pa'l* nacido en Puerto Rico!

¿Dónde es?

# Consejo

# *Suspiro*

Aire de suspiro
¡Decisión a tomar!

Aire de suspiro
¡Camino a tomar!

Aire de suspiro
Trae esparcimiento

Aire de suspiro
¡Haz el cambio!

Aire de suspiro
¡Agárrate con la cordura!

Aire de suspiro
¡Allégate a lo fuerte!

Aire, suspiro
¡Decisión tomada!

# *Corroza*

¿Con quién vas en la carroza?
¿Con quién vas? Mira bien

Que sea pecho ancho
para que te recuestes
Que sea espalda ancha
para que te cargue

¿Con quién vas en la carroza?
¿Con quién vas? Mira bien

Que sean quién te ame
Que sea quién te protege

Hombre temeroso a Dios
Hombre convertido a Dios
Hombre de servidumbre a Dios

Hombre que puedes entrelazar contigo
Hombre que puedes ir con él en la carroza

# *Hermosura*

## Sonrisa

Embelleces tu rostro con tu sonrisa
Sonrisa que irradia luz
Sonrisa colorida

El contagio de la humildad
El contagio de la honestidad

Alargar mis labios quiero
Dibujando una sonrisa
Contagiándome de sinceridad
Vistiéndome de honestidad

Me uno a ti, me uno a ti
… gente de posibilidad

# *Sueño*

En la profundidad del sueño, vi lo que viví
Viví con un poema escrito
Escrito eres mi memoria

En la profundidad del sueño vi lo que vivo
Vivo como un poema escribiendo
Escribiendo eres mi creatividad

En la profundidad del sueño, vi lo que viviré
Viviré como un poema a escribir
Escribir eres mi ascendencia
Resplandor de ensueño

Que mi memoria traiga experiencia
Que mi creatividad traiga talento
Que mi ascendencia traiga libertad

# Sol

Radiante luz que coronas,
coronando los arbolados

Arbolados que disfrutan
la radiante luz de una estrella

Arbolados al lado de los mares
convirtiéndolos en verdes mares

Arbolados que miran al firmamento
llenándose de manjares

Luz que viene de un espacio,
espacio de luz que viene

Claridad que llega con el alba
Radiante Sol, coronado
Sol, estrella de luz

# *Brillan*

Tienen pétalos, pétalos coloridos

Inspiran constancias, constancias verdaderas

Brillan con el sol, brillan con lo acierto

Tómalas en cuenta con su claridad acierta


En lo acierto como se ven

En lo acierto como son


Sigue vestida de brillo, brillo templado

Flor del tulipán, brillo armonioso

Frescura de la verdad, de la libertad

Dios, Dios los hizo

# Cascada

Chorros deslizándose
Resbalo de agua puras

Chorros de brillo
Resplandor de frescura

Chorros con ajuar[54]
Vestido de elegancia

Buscando la depuración,
me sumerjo en aguas puras

Resplandor de frescura
Vestido de elegancia

La elegancia del escogido
La elegancia del liberado

Lleno de su gracia está
el que termina bautizado

---

[54] Ajuar = vestido

# *Mar*

De lejos te ves con color
De cerca te ves sin color

¿Acaso tienes color?
¿O acaso es un reflejo?

Masa de agua se ve
Cuando cruzo, te siento

Creación de Dios son los mares
Alfombras de anchos mares

Caminando sobre ti
Cuerdas de fe
Anchos mares

## *Perlas*

Perlas caen
Perlas refrescan
Perlas llenan

Adornando con sus humedales los ríos y los mares
Reverdecen los bosques que alimentan las aves
Radiantes se tornan llenando nuestras centrales

Lluvias que Dios nos trae
Perlas de vida

Cortinas de lluvias que Dios nos trae
Perlas, Perlas de vida

## *Varón*

Tu hacer varonil
Mirada de Varón
Tomando su lugar,
lugar de un varón sabio

Escogiendo para sí
deleitándose en el Supremo
Varones son los escogidos que saben vivir
Señalados para ser sabio

Sabio del Dios Supremo
Deleitándose en Dios
Señalado para ser salvo
¡Oh, el gran varón!

## *Suculento*

Me quiero sentar en tu mesa
Sírveme de tu suculenta cena
Incluyendo la delicia de las uvas

Alimentos que restablezcan mi alma
Alimentos que curan mi dolor

Me quiero sentar en tu mesa
Sírveme de la vitamina del manjar

Alimento que me llena de energía
Alimento que restablece mi llamado

Aquí estoy, Dios
Providencia de tu manjar

# *Padre*

Cabecero paternal

En tu pecho me recuesto


Cuidador paternal

Con reposo duermo


Preparador paternal

Afronto esta viveza


Papá, Ruego a Dios que llegues a la longevidad con energía,

y el juicio al recibir el abrazo de tus hijos

# *Rubí*

Dios, ciertamente me amas como
la intensidad del color rubí[55]


Color extraño lo veo, Dios
Grandioso fuego ardiente


Me abres la puerta con tu oasis de amor
Sacias mi alma con tu amor


Me siento en tu mesa de manjares,
y me sirves pan
con el color rojo de tu amor

---

[55] Rubí = color rojo

## *Madre*

Mecedora maternal

Mecedora de ternura

En ti afirmo el diario de mi vida


Ora en la madrugada,

canta en la noche,

confirma con certeza

bien para el que pare


Cuna de delicias

Cuna de caricias

Pechos calientes

Pechos de ternura

Mamita

# *Jardín*

Definición de colores eres


Así, con el rojo te vi
Así, con el naranja te reconocí
Así, con el amarillo me sonreí
Así, con el verde confié
Así, con el azul relajé mi cuerpo
Así, con el violeta me alegré


¡Rojo viéndote!
Naranja, reconociéndote
Amarillo, sonriéndome
Verde, confiándome
Azul, relajándome
Violeta, alegrándome


Jardín Luminosa,
gracia de colores eres

# Reflexión

# *Ardor*

El fuego quema
me da luz, color favorecido

El fuego quema,
más quita el frío;
calor de amor

El fuego quema
Fuerte amor
Ardiente mi corazón

Alimentarme del ardor de tu fuego
Alimentarme del ardor de tu unción
Resplandece la luz de mi llamado
Dones dados
Dones manifestados

# *Frío*

El hielo es duro; conserva
El hielo es duro; enfría
El hielo es duro; humedece

¡Hielo existencial!
Conserva para no marchitar
Enfría para no alterar
Humedece para no quemar

Conserva la calma
Enfría el coraje
Humedece para aliviar

# Mojado

La lluvia cae
Está mojado, ven aquí

La lluvia cae
Está mojado, ven no te mojes

La lluvia cae
Está mojado aquí hay cobija

La lluvia cae
Está mojado, ¡adelántate!
No te vayas a resbalar

Ven a tiempo… adelántate
Cobija de la unción
Cobija de protección

Sombrilla te acoge
Sombrilla del libertador

Así es El Cristo

## Muerto

Dicen por ahí, que estaba siempre ahí
Así dice el vecino, así lo dice la matrona


Dicen por ahí, samaritano siempre ahí
Así lo dice el vecino, así lo dice el hermano


Es así…
Más fácil así, despedirlo así


Ese muerto era bueno, cuando respiraba aquí


¡Ay, Dios! No se ha dicho
No han hablado con quién dormía aquí


Largos días…
noches de misterio…
qué sería lo que había allí

# *Profundidad*

Aparente profundidad se ve
Profundidad que así mismo me veo
Profundidad que se refleja
Profundidad de adentro,
Dentro del alma, del alma adentro

Que se tome como bueno
Que se tome como anhelo
Anhelo de desear lo bueno
Anhelo de ser instrumento

Instrumento para amar
Instrumento para guiar
Limpio amor,
amor limpio
Guía del saber,
al saber lo bueno

## Sobrecógeme

Estoy inerte,
sobrecógeme
Estoy arrastrándome,
sobrecógeme
Estoy de rodillas,
sobrecógeme

¿Dónde estás tú que hablas?
Yo busco al desvalido
Inerte
¡Vive!
Arrastrándote… ¡de rodillas!
De rodillas…. ¡Levántate!
Suelta el bastón y camina

¿Quién eres tú que me sobrecoge?

## Saber

¿Quién te dijo *intelectual*?

¿Quién te dijo tu saber?

Tus sabiendas favorecen solamente tu aplauso

¡Ovación es del Creador!

¡Ovación es del Señor!

El que crea que lo sabe

el entendimiento no lo sabe

El que crea que lo sabe

la sabiduría no la sabe

¡Ovación es del Creador!

¡Ovación es del Señor!

El saber llega con el libro revelado

# *Virginidad*

Entenebrecer, no quiero mi templo

Entenebrecer, no quiero al galanteo


No quiero sentirme frívolo

No quiero sentirme libertino


El camastro es para el casado

El camastro es para el del pacto


Virtuoso me veo

Doncella me veo


Entrelazos consagrados

con destellos vamos

hacia el altar con pureza en mano

# Amazonas[56]

Mujer atrevida... se de ti
Mujer audaz... te veo allí
Mujer luchadora... te trepas ahí

Ahí, donde está la soga
Agarrándote de ella

Caballo, ¡aguanta que hay fuerza!
Caballo, ¡aguanta que hay calibre!

Laboriosa fuerza que combina
enfrentándose a la vida

---

[56] Amazonas = mujer guerrera, ánimo varonil, gobernadora

# No sabía que te lloraría

Llegué y te vi
Vi un finado[57]
Estaba bien arreglado

Llegué y te vi
Vi un finado
Su espíritu no estaba allí

Llegué y te vi
Vi un finado
Su alma no estaba allí

Qué raro te vi así, Finado
Pero me quedé allí

Aquel finado tuvo vida
Aquel finado tuvo que ver conmigo

Qué raro te vi, finado
Pero me quedé allí

Allí sintiendo querer
Allí sintiendo apego

No sabía que te lloraría

---

[57] Finado= muerto

Made in the USA
Las Vegas, NV
14 October 2023